# 화봄상회

조율 시집

시인동네 시인선 161　　　　　　　　　조율 시집

화봄상회

시인동네

시인의 말

괜찮아
어깨에 힘 좀 빼봐

그런 데에 가 있을 거야

우리의 요술사가 계신 곳
아무도 아프지 않은 곳

이왕이면 입구에 살자

2021년 10월
조율

**차례**

시인의 말

## 제1부

행복한 하루다 · 13

꽃 · 14

오늘의 어제 · 16

오리려는지 그리워하는지 큰 글자에게 · 18

나의 이틀은 절편된 우표입니다 · 20

화봄상회 · 22

3 · 24

불등가사리를 선물로 받은 저녁 · 26

시간 · 28

알람, 태엽 · 29

다음날, 에나멜 상자 배달원 · 30

밀밭과 태양, 산토끼의 물처럼 · 32

네모난 훌라후프 · 34

끝말잇기의 고독 · 36

도색불명 · 38

말이 그렇단 얘기야 · 40

빨래 팔레트 · 42


## 제2부

나는 내 방의 오랜 점등인 · 45

화봄상회 2 · 46

낮잠 · 48

밀채 구독 · 50

멸망한 나라에서 · 52

눈꺼풀과 토끼풀에게 · 54

근사한 말들 · 55

련(連) · 56

추신 · 60

안다고 말해도 좋아 · 62

안녕, 살아있는 별들아 · 64

닫힌 방문의 수취 · 65

운다고 한다 · 66

착지 · 68

위대한 나이 · 70

차츰 나아지는 노래 · 72

무중력 미용실 · 74


## 제3부

단출한 웨딩 · 77

〈저무는 해질녘이 좋았다〉는 나를 배신할 일 없다 · 78

드라이플라워 · 80

잘 있었으면 좋겠어 · 82

기록 · 84

흑백 앵무 다음 · 86

새 · 90

아무것도 없는 집에 초대되었다 · 91

뒷담의 서사 · 92

유물연애 · 95

불, 꽃놀이 · 96

스웨터 세탁소 500년사 · 98

설명서 FM 1단계 · 100

장미고방 · 102

바다감옥 · 104

콘트라베이스와 공중전화 부스 · 106

자오선 데이트 · 108


**해설** 부재를 견디며 당신의 안부를 묻는 일 · 109
  이정현(문학평론가)

# 제1부

# 행복한 하루다

나는 이것을 오래 누려서
행복한 하루다

일기장은 비어 있었고 엉뚱한 날씨가, 흰 날에 뜬 것이 어제였나?

두 시간, 세 시간을 걸었다, 나는 오늘 세상에서 만난 일곱 사람 중에 한 사람이었다

동화 속에 사는 것 같다
약간은 슬프지만 그래도 착한 동화에 살고 있다, 라는 말을 돌려 말한다

덧붙여야 한다

오랜만이야

소박하게 행복했다, 늘 그랬던 것처럼 나는 그랬다

꽃

  꽃, 을 보고 있으면, 꽃, 이라고 쓰인 한 글자를 보고 있으면, 토끼풀꽃과 가장 닮은 것 같다

  사람과 꽃의 닮은 점은, 계절을 견뎌낸다는 것이다, 핏줄 여윈 바람길이 통과하는 틈이든, 틈 없이 근사한 안이든, 화사하게 피는 꽃이든 꽃으로 태어난다는 것은

  준비되어 있다는 말이다, 열매를 맺는 꽃이든, 열매를 맺지 않는 꽃이든 반짝이는 풀이든 그렇지 않든, 꺾여 선물이 되는 꽃이든 꽃은 꽃대로 피어날 것을 아는 사람들도 있다 나는 나대로 피어날 것을 아는 사람들도 있다

  순간의 꽃은 사해파*
  노란 꽃이 하루에 한번 응원 깃발을 피운다
  순간 꽃

  화병에 꽃을 꽂는 순간, 흐르는 음악처럼
  일순간 창밖에 비가 내리는 것처럼

영문 없이 울던 아이가 울음을 멈추는 것처럼
떠내려가는 물에서 밧줄을 잡은 것처럼
누구에게나 꽃이 피어난 순간이 있다

어둠 속에 붉은 획이 말을 걸 때
아름다운 농담을
우습게 바꾸는 모든 것들은
떨어진 이름표들은 누가 수거해가나

---

※사해파: 남아프리카에 자생하는 선인장의 한 종류.

## 오늘의 어제

사랑하는 날들을 접시꽃이라 합시다
나는 너를 알고

너는 나를 아는 것이 잔치라 합시다

과자 몇 개만 덜어 주세요, 나는 그것이 깔끔한
오늘인 채 폅니다

안녕하세요, 어제의 여러분
민들레 마이크를 날리는 어느 날
오늘의 어제를 돌려받았죠

그루, 그루, 그루우 하고, 터기
텅텅 으으, ㅡ, ㅡ, 죽은 사랑에
윤택한 얼굴을 조각해 주세요

단지 그뿐이라고, 우린 원과 반의
나머지일 뿐이었다고

깊게, 패인

얼굴이 되려고

민들레 영토\*와 캔모어\* 같은 어제가 깔끔한 오늘로

꽃들은 또, 만발하고

―――――
\*쌍둥이 가맹상점.

## 오리려는지 그리워하는지 큰 글자에게

네, 동그라미입니다. 비운(飛雲)은
바람에 불리어 날아가는 구름이고, 구름이 날아가는 모양의 무늬랍니다.
있는 그대로 적어내거나 그대로 비워내는 인생을 아등바등 동경하지요.

예, 복자(伏字)*한 날들, 야위고 얼어만 가지요.

날 선 가위의 골목을 덮는 먼지라든지
계절은 가녀린 가지가 자르지 않은 높은 층계의 얼음통을 떨구더군요.

필름은 돌아간 채로 무인화로 끊어지기도 했었죠.
어찌 무쇠 책가방에 치인 호인이 떠나간다고 말을 합니까.

파괴된 낱말을 부여잡고 꿰매고 기우는데
몹쓸 겨울! 나쁜 사람들의 죄가 다 멸망하기를!

어떤 이는 고고한 무쇠 부적을 만들죠, 문손잡이도 만들고 미로를 정교히 만들어야 이길 수가 있거든요.

칼갈이 장수가 전국 순회를 하면 온 동네 사람들이 쌍칼을 들고 나와요.
도마에 무엇을 죽여 나를 완성하려고.

마지막이라고 거짓말을 하는 이파리들과
떠나는 새떼와 서로 순백을 껴입히려고 까부르는,

대부분은 동그라미를 긋습니다.
저도 동그라미를 긋습니다.
무엇으로 마치기 위해서,
완성되기 위하여.

---

＊복자: 인쇄물에서 내용을 밝히지 않으려고 일부러 비운 자리에 'ㅇ', '×' 따위의 표를 찍음. 또는 그 표. 조판(組版)에 필요한 활자가 없을 경우에 적당한 활자를 뒤집어 꽂아 검게 박음. 또는 그런 글자.

## 나의 이틀은 절편된 우표입니다


점토기와나 타일공처럼 걸어요. 내 하루에 다른 성함의 문패도 걸어봅니다.

걷는 것이므로 괜찮습니다. 유수히 흐르는 곳이므로, 나는 이렇듯 당신의 둘레를 살지요.

어느 날은 절편처럼 질겅질겅 걸을 수도 없게 사랑니가 아픈 이도 있지요. 가끔 상태를 묻죠, 묻는 말이 보이니까 그 가느다란 백묵 허공에 기대고 싶었죠, 이만하면 근사한 카페인, 누군가는 나를 압니다.

그렇지만, 포미니츠 화이트마카로 절편의 무늬를 미로로 바꾸다 약도로 바꾸고

또, 돌아오는 저녁의 근무자.
무슨 소린가요, 간소해진 우표에나 악어의 이빨이 있었죠.
내 사랑은 거기에 없어요, 머그컵에 살다가 좀 자란 자기에 백골가루로 살겠죠. 무슨 소린가요, 내 사랑은 거기에 없어요.

떼었다가 붙이며 고지를 매기는데요, 어떤가요, 무성하고 화려한 간편 이벤트,

꾹, 참다못해 누르면 내 삶에도 무늬가 생기죠. 어느 날은 지붕도 생길까요. 어느 날은 하늘도 생길까요, 흔해빠진 구름들을 굴려오면 아는 이름 많은 아명이 되려고 삽니다.

## 화봄상회

화한 봄에 엽니다. 바깥날이었어요.
래크 포커스, 통조림을 깠을까요. 물러터진 입술보다
단단한 손가락으로 산화되어 가는 것들의 이마를 짚었죠.

내가 지운 것은 당단풍의 빨강.

우리의 봄날은 간헐적 장터를 세우고
본디 쓴 약방이 불 켜고 땅에 박힌 지문은
구름 밑에다 붉은 채점표를 매기다가 가죠.

과거에 튼 입은 오늘 발치에 내려앉은 살구 꽃잎
여린 비닐에 공기를 도로 담아 먹구름을 만들고
굳은 먹구름에서 초록 심장을 꺼내 국을 끓여 먹지요.
그러면 포커스가 당겨지나요?

짓이겨진 푸른 날처럼
훔쳐간, 악문, 시커먼 여름, 약장촌
그대, 안녕하세요. 단지 그뿐입니다.

참으로 예의바른 토막말……
나는 또 그 속 풀통 같은
무표정으로 업혀 얌전히 비집다가
정적으로 짚던 손에 그물을 장갑을 씌우는
바다의 이상한 별

3

혹시 당신이 벽시계의 숫자를 떼어갔나
숫자에 난 혹을 떼어갔나
매달려 있던 달 등을 기울여 떨어트렸나
볼링 핀 일가족 집게를 집어갔나
부서진 내가 있던 자리를 본떠 그림을 그렸나
이런 것들의 무게를 굴리려고
허리를 세우고 팔을 뻗고 남극의 저자세를 고지해

냄비받침 할 마땅한 책이 없어서
라면을 끓여 먹지 않았나
냉동창고는 칼을 만들던
쇳덩이로 만들었는지 모르지
어쩌면 백 원을 녹여 만들었는지 알 수도 없지
마침내 백 원이 꼭 어디다 뿌려 먹는 가루같이
따뜻해졌을 무렵에 횡단을 한다

그래 네가 훔쳐간 은유에는 분유통도 살았고
유골함 속 뼛가루가 흰 꽃잎으로 날리듯

폭설이 내렸고, 던지지 못한 스노볼이 있었고
그 속에도 집이 있었고
어쩌면 그 속에서 너와 나의 하루는 묵었고
어떻게든 곁과 결에
그대로 살려고 세로로 엎어진 바닷가
소용돌이 밑, 전깃줄 손금
오래전 좋아하던 숫자였다

## 불등가사리를 선물로 받은 저녁


나의 열안에 대해 몇 자 쓰려는데
너는 나에게 담긴 것을 푼다.
투명하게도 담겼네, 어디서 건져온 말들이야?

글씨의 맛이 비린 순간이 있지,
글자는 외롭고 글씨는 볼 만하다.

내가 알던 모든 언어가 수포로 사라질 때
기억되지 않은 채로 쓰던 혈안이라고 얘기해봐야지.
열안이라니, 손가락과, 자식은 무슨 관계야?

당신은 웃으며 나에게 맡겼던 잃어버린 친구를 찾는다.
태초의 언어라고 얘기해봐야지, 어느 날부터 그런 것들에
다시 혈안을 올리게 되었나?

너는 어느새 행방불명이구나, 우리는 어느 날 서로에게서
실종될 것을 예견했었지.
너는 그것을 아니?

이상하다, 나는 너를 관측할 수가 없다.
모래 위 은행잎들을 가지런히 놓아주고 사진을 찍어야겠어.
언어 없는 짐승이 사는 곳 바닥에 맛만 조금 보았어.
이것이 동선의 언어야.

그럴싸한 사기꾼과 제 할 일은 하는 곡예사
네 할 일을 하면서 순수하기로 따지면 너만 한 것이 없다.

바라보지 않는다는 것은 낭만을 위장한 위험한 곡예
그러므로 바다의 사전이 된다.

쭈그려 앉아 불등가사리를 글씨처럼 놓쳤네.
신열로 며칠 앓던 것을 없던 일처럼 잊고
누운 아기 잠든 손에 잠깐 내린다.
산타만 살아남은 나라에서

# 시간

사과는 그래
썰어놓으면 조각배 같고
나무 탯줄 위로 우주 파마도 다녀가지
동그랗게 깎아놓으면 인생은 짧지
내가 걸은 길도 언젠간 그리 짧고 둥근 축
비늘 돋은 푸른 풀로 드러눕겠지
그렇게 보면 인생은 붉고 짧지

내려다보면 떨어진 눈동자들
붉고 동그란 것이 낙과하며
무엇을 올려다보나
인생은 인생이라서 그래

## 알람, 태엽


오늘 꼬부라진 이불은 사라지고 꼬막지붕만 남았다.
나는 지게가 어떻게 생긴 줄을 아는데
좁다란 것들은 슬프고 거꾸로 메면
지게같이 저무는 것이다.
개키는 것들은 그렇게 부드럽다.

그래. 종일 꺼두지 마, 새어드는 것에
나는 또 사막에
어깨끈을 새기러 뜨고 싶다,
우리 만나는 시간이 가끔 뒷걸음질이면……
그저, 후진 하루였어. 본뜬 밤중이었어.
사라진 마실이었어.
옛날엔 전화에 쥐꼬리 같은 것이 달렸었다고,

포춘쿠키에 파도와 쌀알을 담을 순 없듯이……

# 다음날, 에나멜 상자 배달원

다음날에는 이런 내가
빗물의 무게를 짓이겨 내며 목욕을 했을까요.
나는 여기로 반입된 상자를 열어요, 가질 수 없는 인형들이 비닐에 싸여 대기 중입니다.

어디에서 왔을까요, 알 턱 없지만 어쩌면 나처럼 모르고 싶어서 인형 머리와 몸통을 붙여놓고 눈알을 수만 번 달았을 리 있어요. 그렇지만 난 몰라요, 먼 곳의 일이에요. 우리는 같은 것을 잡고 있지만, 비켜간 비바람이 되었다가 매지구름이 되었다가 엉뚱한 곳에 화풀이를 하다 얼어가는 우박이 될지도 모르죠.

갈고리 손으로 달을 캐다가 콜라에 띄우면 어느새 흑발은 지워지고 나는 잠깐 명상을 했죠. 그 사이에 찢을 수 없는 것이 찢겨갔어요. 떠나와 다시 떠난 너는 돌아오지 않고 수많은 밤을 끌어안아도 닮지 않은 인형들, 깨알같이 말하려다 만 글씨, 나는 단지 뜨거운 게 싫을 뿐.

에나멜 새장일까요? 구워낸 붉은 달, 실어증 환자의 말풍선, 맛있어요, 안 말린 토마토 이불, 흑갈색 구들장을 들인 맛이라고 해두죠, 11시 내 고향 자취방 맛, 일순간 발목으로 튀는 흙탕물을 증발시키는 바람, 또, 바람. 다음날.

떠난 어깨에 눈 이불 녹아나고
말없이 푸른 싹도 돌아났겠지만
질긴 바퀴는 알 리 없이 갈기며 시간을 지워가겠죠.

## 밀밭과 태양, 산토끼의 물처럼


가가멜 아저씨의 의자가 썩은 이유는?

아줌마와 아주머니가 이름이 두 개여도 이해하는 이유는?

숨은그림찾기를 하다 스케치북에 엉킨 스프링을 푸는 담채화에 대하여

작은 먹구름 머리들을 한 동양인에 대하여

믿을 수 없는, 완성되지 않은 거울에 대하여

"노래에는 쉼표가 가끔 있어야지"

커다란 사전을 꺼내서 처음 보는 단어들을 받아 적는 만화에 사는 사람에 대하여

돈이 없어 청보리 언덕을 껴입은 스크루지에 대하여

원적외선 뻥튀기에 대하여

차바퀴가 속도를 내며 빠트리고 간 거울에 대하여

내 고된 하루의 평상 또는 러그, 또는 어쩔 수 없는 병원 대합실 광고판에 대하여

울력이라는 단어에 대하여

이제 갓 태어난 에티오피아 아이의 달력에 대하여

쌍안경을 들고 태어난 눈물 많은 족보에 대하여

입을 것에 대하여

그림책 속 뭉쳐진 흰 털실에 대하여

## 네모난 훌라후프


동그랗게 돌아가기 위해 시간은 너무 긴 로프를 푼다.
볼링 핀을 던져 뒷짐으로 받고선 박수를 기다리는 오후.

이것은 영혼에 가까운 파란 말.
슬픈 영혼들의 삶을 디자인하려면, 침묵할 필요가 있어서.
영혼에 가까운 것 먼저 찾고서 오래 행방불명이 되었지.
다시 돌아가려면 네모난 훌라후프를 돌려야 해.
영혼으로는 가능한 일이지.

일어서지 못하는 중증 환자의 침대에서도,
통증을 움켜쥐는 호흡을 받아낸 들것에서도,
난간에서 떨어진 사람을 받아낸 여럿의 이불에서도.
불난 집 창 매트리스 던져 투신해 살아난
여덟 살의 오후에서도
암흑에서 빛이 나지막하게 선물을 보낼 것이다.
정글짐과 노랫말을 건너왔니.

나는 바닷물이 가득 찬 건물 비상계단에서 처음이 언제인 줄도 모르게 다이빙을 하고 있었다. 좀 더 영혼에 가까우려면 네모난 훌라후프를 돌려야 해. 좀 더 영혼에 가까우려면 당신이 사라질 수도 있다는 위험 부담을 안고서.

 아무리 다 같은 원을 그려야 한다지만 나는 이를 악물고 어른이 사라진 아파트 마당에서 훌라후프를 돌렸네.
 훌라후프가 만 번 돌아가고 만오천 번이 돌아갔는데
 절대로 끝나지 않는 훌라후프 게임을 했다.
 멈추지 않아 기계음이 되어버린 심장들이 짧은 대답 후
 잃어버린 메모를 되찾는다.

 포클레인이 주유하는 것을 본 일이 있니?
 나는 봤네. 어디로 가는지 행불행을 떠나서
 저 포클레인도 주유소에 머문다네 까만 스프를 먹기 위해서
 단지, 그 무대에만 잠시 집중해 보자면서
 네모난 훌라후프를 돌리는 라데츠키 행진곡의 이름을
 그저 사랑하는 이름으로 바꾸고 박수를 보내며

## 끝말잇기의 고독


구름엔 모서리가 없다
너의, 슬픔은 독성이 아니다

너의, 발자국을 주워 먹었다

벽에 내걸린 수만 개의 시계나 부러진 의자가 이제 질릴 때가 되었어
어쩜 그러냐, 아뇨, 나도 이제 나이란 걸 먹어 배가 불러오네

고장 난 시계의 시간은 가리키는 것을 멈추고
간다고만 한다

흐른다고 하는 것도 좋겠다
그러니 그리움 모두 꺼놓고
망루도 다 제 갈 길, 혹여 어느 결에
녹아 어느 선박이 될 때까진
좀 모른 척하게 바다를 켜놓다가

재까닥 나, 네 일기를
안다는 말

너는 어디에 건너가 있는 이름이다

이름은 이름대로 자란다

# 도색불명

 우리는 옆으로 흩어지듯 나란히 선다. 가장 병약한 바리케이드. 기다리는 시간이 길어질 때 타국적 여행을 한다. 하늘에서 집어온 지문 끝 쌀알 비행기와 쌀알 드럼세탁기와 톱니바퀴 공기놀이 그릇 같은 거. 이상할 것도 없지, 마트에 고장 난 자동문은 내가 돌아서는 순간 고백을 했지. 그 사이, 비가 왔네. 언어가 없던 나라에서 언어가 없는 나라로 이사 가네. 내가 스치는 게시판에는 드디어 층간소음의 심판판결문이 걸렸어. 그리 따지자면 밤하늘별의 행방에 대해 변명할 수 있다. 까만 모자는 밤하늘을 뒤집어쓴 것이다. 모자를 뒤집어 별을 쓸어 담거라. 스치는 것이었는데 금 간 멸치의 허공이 물결이었어. 에라이 벽들아, 그것이 괜찮으냐고 이마를 짚더군. 그 사이, 차라리 의미 없이 사는 것이 어떻겠니. 가닿아 본 적 없는 길의 끝 같은 데서 돌아온다. 풋사과 속 과도의 드라이브를 모르는 사람. 사이, 빗줄기가 차창을 적셔 그럴싸하게 지워진다. 사이, 더러운 물탱크에 부어진 눈물은 어느 가뭄. 페인트에 채집된 화석 하나 남기지 않고 이방인이 되는군. 그날 그 가로등은 내가 켰지. 네가 걷던 거리에 얼룩무늬 작은 짐승의 보폭도 내가 가리켰고, 내리막길 빈 유모차의 연민도 내

몫이었지. 사이, 살짝 뒹구는 나뭇잎이 좋다. 물청소 이 빠진 계단에 놋쇠 자리 시공은 나였지. 모자 속 얼굴을 들여다본 것은 유일한 지붕 소유자의 몫이니, 맡긴 갈색의 블록을 찾아서 언젠간 어떤 성을 이룩할 것을 알지. 그 사이 단층 피아노는 파도의 마당 냄새를 만든다. 이것은 자네 친구가 바라던 아날로그 감성. 이상하다, 나는 네 얼굴을 매일 외운다. 하늘공원 같은 동산을 지었다가 순식간에 없애는 낮은 지붕 속 거인, 이것도 누구의 자네가 그린 그림. 아니, 나는 네 얼굴을 매일 외운다. 오늘도 상자에 투명한 도로가 쩍쩍 나고, 나는 마치 우리처럼 뭉친 고독으로 도로를 쨉쨉 찢는다. 누구의 자네인가, 자네가 박은 계단의 놋쇠발톱 우는 것을 그리 둘 수가 없었네. 밥상 접시에 놓인 꼬마 게가 힘찬 집게발을 들고 화석이 되었는데 흰 접시 위에 놓인 화석이 자네가 싸개처럼 싸다준 은지화에서 떨어진 그 게 같아서 난 그대로 옮겨 적었네. 사이, 비가 휘몰아쳐 갔다. 낮달 뻥튀기 장사 그림자 같은 저녁 길 서랍에 무엇을 데려다 주어야지.

## 말이 그렇단 얘기야

무거운 말이 있다, 부르면 눈물이 흐른다는
전설의 명사

그 무거운 말을 듣지 않은 사람도 있다,
무거운 말을 듣고선 박수를 받는데
흔한 말을 듣지도 듣지도 못하는 아이가 나였다
말이 그렇단 얘기지, 라고 말하고선 다시 마음이, 그랬다

백미러 너덧 개를 납작하게 다려 걷는 일이 생겼다
그렇다면 나는 풍경만 담았을 것이다
견디기 적당한 날에 나는 머리칼을 붙잡고
구멍 난 가슴을 씻으며 해골바가지탑을 쌓았어

  룬쿤드 호수 해골호수라는 별명을 가진
  나는 아무도 부르지 않은 해골바가지탑을 쌓았어
  어린 시절 길가의 가로수에게 불렀던 이상한 동요처럼
  어제 눈뜬 아이를 돌보는 아이는 해골바가지탑들 사이를
지나

의미의 바깥으로 건너가는 고된 이명(異名)의 사람
내가 나라서 다행이다


어느 날엔 이렇게, 이렇게 살아있는 나에게
아무런 제발 조명도 비추지 말아주세요
그리 나를 바라보는 날에는 시키는 대로 해야 한다,
손전등을 내려놓아야 한다


한 장을 오랫동안 들여다보는 마음은 또
모르게 밟다가 미끄러진 이끼일 수도
괜찮아 네가 버둥대는 그 뒤에서 오랫동안 서 있었어


뒤로 넘어가는 나무와도 같이— 존재의 편안함으로
똑같은 단계를 거쳐 가는 철학자의 나이를 잊은 수제자처럼
또는 언 호수에 새겨진 물수제비처럼
의기소침해지고 뒤숭숭하게 그어진 마음이 넓어, 간다

## 빨래 팔레트

 떠내려 온 사람처럼 산다는 말이 무슨 말인지 알 수 없지만 떠내려 온 사람으로 숨을 쉬었다. 환풍구처럼 쉬었다.

 사람이니, 삶이니, 사랑이니 모두 공장 굴뚝 아래 있는 것들 지나간 그 위로 눈이 내렸다.

 생선비늘 위를 걷거나 시멘트로 빚은 화석 같은 것들을 핸들처럼 굴렸다. 그런 하루 들들 발치에
 가로질러 있는 거리에서 바라보던 너였다.

 불난 허들과, 불난 팔레트
 오늘의 포스터컬러는 소등치 않고
 밤새 점등을 했다고

 울던 해 같다.
 울던 달 같다.
 팔레트, 팔레트 너와 내가 날았다.

# 제2부

# 나는 내 방의 오랜 점등인

나는 내 방의 오랜 점등인
나의 오렌지나무는 갈아 끼운 전구
구들, 오래 잠들지 못해
인테리어 전구는 제 스스로 생을 마감하다가
어느 날 나와 한 몸이 되었지.
뜨끈해진 널따란 구들을 닮았네.
얼룩이 표정 같네, 구들이 드리운 거였지.
드러누운 비석을 닮았네.
이것이 내 구들이 될 줄은 몰랐네.

가로등이 소등합니다.
그 말이 무어라고
나는 수많은 내 점등의 시간들을
모조리 제쳐 놓았을까.

그건 내 점등식
나의 모든 것에 불을 켜는
참 착한 마음

## 화봄상회 2


탁탁, 구두를 들어 털다가…… 문이 열리네
환하게 개기월식에서 슈퍼문까지
탁, 탁
향만 남은.

목련쌈밥집이란 데가 있어요, 가로수 사이에
흰 마 블 들.
얼굴 없는 발자국들이 왔던 길을 매일 오가는 사이에
풀들은 베이고
희어지고

탁, 탁. 슬픔이 천만 번 한 사람의 이름을 지우는 소리.

힘 없이 흰 백기를 켜는 저녁의 블록들.

맨발로 걷다 보면 바다가 발목에
포말 레이스 양말을 신겨 줍니다.
희어지거나 까매지는 비치,

목련꽃 같은 여름이 옵니다.

오늘밤 먼저 간 별들이 보이지가 않아서
화하게
박하 향 같은 봄날

감기었던 눈을 뜨고

## 낮잠


빛이 가득 들어가 까맣게 타버린 즉석사진을
머그컵 위에 얹어 본다
여수에서 눈을 감고 걸은 적이 있어
산단*, 공장들과 집들 사이로 두 줄로 서서
두 눈을 감고 걷는다 눈을 감고 15분을⋯⋯
걷는 시간이 지났는데
바람이 불었고
나는 어느 날 자리에 앉았다
교실에 앉아 다시 눈을 감고 아무 말도 하지 않은 채
세상의 소리를 듣는다
우리는 전원 다 아무런 눈물을 흘리지 않았지
나이를 먹지 않아 이상한가?
너라는 말이 어떨까
귀마개를 하고 봄 풍경을 걸었지
잠자는 청춘*을 본 적이 있지
꿈꾸는 청춘을 본 적이 있지


그리움이란 건

호칭이 없는 여행

눈물이 펑펑 나는 그런 나라
너에게 기대는 것이
마음만은 아닌 나

---

*산단: 환자의 안색(顏色) 상태를 파악하여 오래된 질병인지 갓 생긴 질병인지, 사기(邪氣)가 왕성한지 쇠약한지를 분별하는 방법.
*잠자는 청춘: 2007년도에 개봉한 미스터리 영화.

## 밀채 구독


아파트 통로를 들어서는 왼쪽에는 아픈 집들이 숫자로 매겨진다.

그그 들들의 가슴판 그을음으로 문장이 지워진 파지처럼
쇠빛 우편은 목구멍이 턱 막힌 채 서쪽 하늘을 끄려다
두껍게 저의 집을 만든다.

자꾸만 이름을 틀린다, 강판
어느 별에서 죽은 이름이다.
탁탁하게 떠났을지도 모르는 이름을 부르는 강판이다.
이런 것들은 지워진 자리를 익혀 먹는 수사의 바깥이다.

어제와 모레와 글피와 석 달 같은 토막 시간이 창 레일에 엷은 점을 찍었으며…… 함묵중 학자처럼 매달 살았으며…… 바다가 되기도 했다.

사라지는 것은 남겨진 자리에 무엇이 쌓이려다
마는 편(編), 한 이십오륙 년 전쯤 부업하는 이층집 옆 빌라

우편에는 사마귀 붙어 손잡이 시늉 하다 부러지듯 날아
   살듯이 막힌 하늘을 뚫다 갔다.

   우편에 꽂힌 두터운 지렛대가 어느 날엔 저물녘을 켠다.
   노을 켜기도 전에 날개 부러진 곤충 한 마리가 새 계절을
켜러 왔다.
   누가 집어다 놓은 것, 같은 풍경들이 밀려온다.

   둥글어지는 힘은 원통에서 시작된다는 것을 아는 나이가 있
는가, 시작한다는 것은 빠르게 밀려올 소멸을 알아채는 둥근
힘을 지녔다.

   정전의 두께
   수없는 그 괴괴한 사랑이다.
   각 방에 암흑 쏟는 권총 하나를 숨겨두고 산다.
   검은 비, 하늘 요란히 쓸어간 밤이다.

## 멸망한 나라에서


 너랑 내가 본 꽃이 메밀꽃이 아니라 개망초였어? 단순해, 그저 인생은 계란프라이

 챙이 우아하고 모던한 듯 예쁜 모자다 터뜨리면 뜨거운 두오모, 노란 셀로판지나 스테인글라스 우산을 펼칠 수도 있다 그대로 굳혀 소장을 해보면 어떨까, 그 모자들이 아주 작아졌다 그래서 무성해진 개망초 꽃밭을 내다본다

 위인들은 저마다 짜릿하게 죽으려고 무엇을 켜둘 준비 중인가? 그들은 해적판을 오독하던 날들도 있었나?

 이렇게 깊어진다면 슬프다 앨범에서 오려온 은행잎들로 화석나무를 만들면 너랑 나는 작아질까?

 우리의 착각은 외웠던 말을 모조리 삼켜버리는 건망증
 얻어온 사진으로 만든 하프시코드, 그늘의 반지, 그늘의 팔찌와 면포
 멸망은 무섭다,

그래서 순장


너는 나에게 단지 오싹한 지 여부를 묻는다
투명한 것이 뜨겁게 녹아가면서 새하얀 육지를 만든다
달콤한 보름달이 사해파처럼 떴다
초록 저고리에 매단 노리개처럼 놀란 연노랑

사실은 새로 그린 민화에 비가 내렸고
흰나비가 바람의 고백을 반질반질 닦아놓았고

초가, 가마에 놀란 아이 둘로
잠시 위장한 채

수묵에 유채

## 눈꺼풀과 토끼풀에게

그래, 매일매일 나를 연 것은 눈꺼풀
어떤 날 간판은 더디게 열렸다가
문턱 끝에 물도 쏟았다가

이곳에도 분위기가 있다네
파리한 날에는 푸르게 가웃가웃
푸른 그늘이 지고
어느 날엔 없던 길도 생겨

어떤 날 지붕이 깜박이는 것을 보다가
새까만 지붕을 얹고
가끔씩 새 풍경을 들여와

토끼풀 시계를 채우듯
가벼웠다가 둔탁한 노크를 하고 떠나는 날엔
톱밥들이 두둥실, 건망증에 식은 파도를 만들고
우악스런 이별 편지 없을 수도 있으니

# 근사한 말들

왜 자꾸 나를 부를까?
나를 부르기만 한다
근사한 말이다
이렇게 오는 너를 나는 뭐라고 불러야 하지?
참 근사한 말이다
근사한 말을 부르는 주문은 무엇이었지?
창문은 있는 것이 좋겠어
가능하면 흰, 아득을 그어가듯
붉은 칸이었다가
붉은 줄이었다가
그곳을 채우는 근사한 말이었다가
너를 여는 커튼이 된다
창문에 내 얼굴이 있은 지 참 오래되었어
열 손가락에 아득한 태풍들이 성장통을 멈췄고
뒷목이 시큰해질 만큼
근사한 말들이 오갔다
너의 얼굴에 근사한 말들이

련(連)


목련차에선 갠 이불 맛이 나
웃는다, 쥔 손아귀에 사는 심장
이곳에도 아랫목과 윗목이 있다
일급을 정리하는 이 작은 빈 우물에
차가운, 흰, 또는, 까맣거나 색색의 원통 요트
길고 기다란 것이 관통해 나가는 시간,
뒹굴다가 도르르 제자리에 꽂힌다

볼펜이 따뜻할 리 없잖아
참으로 엉뚱해

머그의 온도가 복도까지 퍼지는 것에 대해 잠시 생각한다
반드시 모든 멜로디들을 소등해야 메워낼 구실을 찾는다
울음은, 짜거나 차다

찬 공기가 가늘게 간질이며 똬리를 틀며 바람 길을 들인다
살색 이마의 면적이 넓어지는 동안 열꽃들이 피어난다

열꽃 진 후 어느 날에도 불투명해진다
우리는 입김을 둥그레 담는다
물큰, 비린 날들을 깔끔히 게워낸다
이 안에는 만년이 있어 우리의 티―타임
비행접시를 가볍게 제압한다
이것을 동그란 주차라 부르기로 한다
동그란 주차는 찻잔을 접시 위에 내려놓는 일
잠기는 소리가 둔탁하게 시간을 가둔다


  우리는 여기서 저기로 각자의 연통을 즐기지
  사는 게 징검다리 같아 시큼히 마른 각자의 달들이 오래 입은 접시 치마 같아
  쓸리듯 가라앉는다 커튼으로 오후를 닦아내고 나면 우리의 만년이 지나


  영혼은 여기서 출발했는지도 모르지
  나는 로열밀크티의 맛도 늘 좋아, 누가 여기에 배를 띄웠었다는데

띄우는 것과 가라앉는 것들이 백만 년 카페에 흔적 없이 그 러 — 데이션

연보라가 좋다, 하늘에 저며 드는 불투명함, 잘 보여
자질구레한, 나열된 흔적을 지우기 좋은 따뜻함이야

그대로 박제해 말리면 약간의 싸구려 향기가 난다
우리가 자주 맡은 자리의 드라이플라워처럼
향기 나는 바통…… 등대는 너무 멀어

울지 말고 한 병의 보틀에 새긴 너와 나의 말, 지금의 온도를 체크해
적당한 것을 일단 먼저 손쉽게 손에 쥐는 법이네
우린 그것을 달통이라 불렀어

자판기는 점점 나아지고 있어

부조함에서 멀리 떨어진 전화기에 물을 부어 담는다

어느새 무선이 되었어, 무선포트 같은, 흰 원통
나른해지는 마법은 더 이상 일어나지 않는다
물맛이 비리다, 살아있는 것처럼

물에선 연기가 피어오르지 않았고
자판기는 점점 나아지고 있어

사라진다는 것은

때론 이토록 부드럽게, 연하게, 좀 더 연하게

## 추신


밀려온다

머릿속 오래된 일기가 말을 바꾼다
옮겨 적고 싶지가 않아

오늘은
최대한 비우는데
최대한 비우는데
비가 오는가, 오시는가, 우시는가

환자들의 파업
내가 태어난 다음날에 묶었다

어느 도로에서
맨발과 신발 사이에서

내 침은 시거든, 신기거든
그래 이곳은 어쩌면 가볍다

눈물 밭에 난 혹이 많다고?

상가(喪家)에 모인 구두는
왜 미리 정리해야 하는 걸까

우리의 이별은 모두가 일순간도
슬프지 않다고 할 수가 없다

들리네 들리지 않네
눈가가 저리다

터널 속에 얼굴을 묻어놨던
당신이 내게 준 편지다

## 안다고 말해도 좋아

인디고 말해도 좋아—가 나은 것 같다

불에 타는 한 장 속으로 달려가자 어떻게든 만나서
요약된 꽃들을 압화라고 한다면

안다고 말해도 좋아— 인디고 말해도 좋아

스푼을 올려줘, 나의 몇 날이 지난 후
한 시간만 내어줘— 티스푼으로 삽질을 하자

내일 죽을 사람처럼 사회 시간에
카탈로그에 편지를 써서 넘기는
나는 너에게 철 지난 편지를 해볼게

네일—아트 손가락의 탈춤이라고 해보자
잊지 않았던 사람처럼
나에게도 점묘법 수채화가 생겼지

다 마르고 나니 만년 달력 뽑는 소리가 들렸다

이 넓이에 우린 언젠가 처음 밥상 이야기를 했었나?

아직은 손 코팅을 — 인디고에 손 코팅을
바닷물에 손 코팅을 — 몸 바쳐 어느 날에
죽는 날도 그려봐야지

넘기기 위해서 우리는 무엇에 라운딩을 두르며
짧은 워킹을 했나

우린 그때 우리가 웃겼나
우리가 웃던 시간은 글리코사이드 인디칸, 질긴 폭소

이름이 길어진 순이 언니가
어제 남해 벚꽃을 담아 보냈어

남쪽엔 봄이 빨리 오는군

## 안녕, 살아있는 별들아

안녕, 살아있는 별들아
하나는 하나지 둘이겠느냐[*]

구름엔 모서리가 없다
허기는 장독대를 운전할 수 없다

슬픔은 독성이 아니다

네 발자국을 주워먹었다
고장 난 시계의 시간은
가리키는 것을 멈추고
간다고만 한다

흐른다고 하는 것도 좋겠다

---

*1990년 방영된 TV 만화 〈영심이〉 주제가의 한 소절.

## 닫힌 방문의 수취

　우리는 문에서 문으로 옮겨갔어. 모르는 말에서 피어난 둥근 꽃, 그것은 달무리라는 둥근 문, 그 문에서 다시 꽃과 나비들은 말없는 말처럼 둥그런 회전문을 그리며 휘휘 도는 문을 만들지, 그것은 모빌이라는 둥근 문, 문에서 문으로 또 옮겨갔지. 온몸을 덮는 흰 터널, 새어드는 빛과 숨 끊길 듯 부드러운 모서리의 문, 이불이라는 다각의 문, 어느 날 문이 닫혔다. 나는 문에서 문을 열고 다니는 꿈을 꿨다. 문 없는 방에 이불도 없는 당신이 살고 있었다.

## 운다고 한다

우리는 운다고 한다는 것들을 수집한다
새 낱말에 발이 달렸다고?
굴릴 만하려나?

나는 오늘 알약을 목구멍으로
넘기는 법을 다시, 배웠어
질문에 답을 들을 타이밍과
질문을 받을 타이밍의 절묘한 조화

내 날을 굴리지 못해 정차한 채로
이상한 나라에 당도했지
색색의 카드들을 모조리 뺏어다가
지붕을 만들자

이상한 수염 같은 것을 그리고선
없앤다, 우린 날아갈 수가 없다

운다고 한다

운다고 한다
이런 뜨거운 불구경이 어디 있나
벌거벗긴 채로 새까맣게 탔으면 좋겠네

땅만 쳐다보며 사는 당신이
그래서 살아있는 당신이 사는 바닥에서
당신이 우는 것을 아는 그 사람,
몇 살을 헤매고 있어?

당신은 알 것만 같다
우린 어디로 가지?

착지

가장 낮은 곳에 도착해보니 별거 없더군.
산도 구름도 납작하다.
다려놓은 판화에 바람을 후, 분다.
그러면 카펫 같은 내 오랜 풍경이 고개를 갸우뚱, 난다.

나를 어떻게 찾았니, 당신은 늘 곁에 있었다고 한다.
늘 곁에 있었다는 말이
늘 곁에 있었다가 되다가
늘 곁에 있었다가 된다
늘 곁에 있다가 되다가
늘 곁에가 된다.
그리고선 곁이 된다.
곁은 결이 된다.

 삶을 불태웠던 성냥은 아직도 성냥갑 속에서 제 머리보다 더 크게 불을 지르려고 회복 중이네, 그중 엘리스 성냥이 마중 나와 있더라, 그게 나라고 생각하니 내 머리에도 불이 났지.

그런 활강은 어울리지가 않아서 내 옷에서는 불이 났지만, 회오리바람 속을 걷어내지 않았지만, 어쨌거나 어느 날에는 부러지듯 내 족적에서 붉은 수풀들이 일어났어. 시간이 지났구나, 부드럽다는 말을 조금은 알듯이 담는 저녁이다.

나는 무제한 겁쟁이처럼 아주 얇은 관과 관을 관통하듯이 내 미로를 파다가 파놓은 길에서 나를 또 만나네, 그게 너였어, 말을 잊은 나였어, 그래서 오늘 아침에 만난 당신이 있다. 떨어뜨릴까 꼭 끌어안고선 뒷자리에 앉아서 떠다녔는데,

  무너져 내려갈 힘없이 납작하게 누워 있던 당신이
  백만 번을 꺼도 내 납작한 바다인 당신

한 발로 바다를 미끄러지듯이 걸었던 시절도 있다는데, 아직 운 날이 더 많은 머리에 불이 나며 아기가 되어가네. 투명하고 빈 줄기에서 솟구치는 붉은 피를 거절하는 손목과

  내 납작한 바다인 당신

## 위대한 나이


나이 몇십이 되어 보았더니
사진 속 내 인생을 만든 주인공이
나이를 거꾸로 먹는다
사진 어린 얼굴, 매직아이의 암호
나를 불러오는 이상한 얼굴
어떤 날엔 충격적인

계절풍의 원고들을 보듯
눈꼬리에 머물다 간 눈물방울
그러한 나이가 오갈 때
걸어 잠긴 문

멈추기 싫은 나의 울화를
잠식시킬 잔잔한 바람
초음파 암흑이 있는
창밖 나무의 유영!

누군가 날 울리며 노크하는 날 있다

베어진 적 없는

눈앞 나무가 날 본다

살아낸다

## 차츰 나아지는 노래
— 골짜기의 수레에게


우리의 첫 망루를 생각해
유순하게 빠져나와서 무언가를 생각하려 한다
작은 의자에 내가 얹히다니
사는 것이 배구 경기장의 목마인가?
붉은 등대의 운전수가 될 줄 알았지
유수하거나 유수하지 않게 흘러왔을 뿐이었을

상점은 불빛이 있고 우리는 빛바래 간다
얼렁뚱땅 닮은 모습으로
지게차들은 얼굴 벽보를 뽑지 못할 것
골짜기에서 떨어진 소원

나는 움직이는 벽이다
나는 너의 움직이는 벽이다

도로, 위, 간판의 반대말로
운을 띄우는 간판들도 급류를 떠다니다가
또 어느 날 마른하늘의 기적처럼

우직한 너의 얼굴이 바람처럼
거리의 악사가 되어보는 것은 옳은 일이야

생각한다는 것은 망루와 가깝지
접고 접듯이,
또는 펼치고 펼치듯이 튀어 오르는 태양

우리의 서커스는 이상한 퍼레이드와 가까울 뿐이다

## 무중력 미용실

그래 봤자 소용없어 이곳은 무중력이다.
길 잃은 켤레들이 가지런히 기별의 직립을 기다린다.
이것은 피해자의 병마감옥이다.

이곳의 농담은 홀로의 무게.
그러니까 나를 지탱하는 것은 어깨 위에서 버티다
둔탁하게 떨어지거나
바짝 얼어붙은 점퍼 같은 것.

삼면을 통틀어 빛들은 걷는다.
그러니까 빛은 발의 존재를 집착하는 그림자 같은 것.
그 발을 묶어 머리칼을 만든다.

뻗은 발이 흰 천장 아래 깊숙이 매달리듯
가지런한 것은 가지런히 구부러진

양말 속 발가락,
서쪽 하늘에서 무지갯빛 보풀이 일어날 뿐이다.

# 제3부

## 단출한 워딩

사람이 팽창된다
봄 산에는 초록, 신호등 속

인간들이 보행을 한다
왁자한 초봄의 산에서
불을 켤 것을 의무화했지

건넌다는 것은 내륙의 깊숙한
지각 간섭

긁어낸 이랑들 한데 무릎을 잡고
낙타는 녹색 물혹 등을 켜고
머지않은 미래의 구름 받이라든가
아기 묘 같은 것들을 위로했다

푸른, 덴

# 〈저무는 해질녘이 좋았다〉는 나를 배신할 일 없다

수년 전 내 그늘을 파던 나무가 말했다
네 단어가 그뿐으로 늙어서 그늘을 냈으면 좋겠다고 해야 했었지만

나는 네가 되어서 나무가 되어가는 마음으로

초록 스트라이프 면티를 입는다

과거에서 서신을 보냈다 물려줄 옷이 없단 이야기가 없다

다이아몬드도 진주목걸이도 반짝이며 받아 적는 얼굴에 수갑을 채우겠지만

참 서늘하게도
참 매끈하게도 툭툭 끊겨 매달린 지렁이들
주렁주렁 매달고 매단다

하늘에 번쩍 벼락이 나무를 동강내는 줄도 모르고

부릅뜬 나는 아해이지

아해들 아해사리피 행

드라이플라워

　간교한 혀 위를 기어가는 도마뱀이 제 스스로 꼬리를 잘랐어야 하는데

　드러누워 울었어, 라는 말로 슬픔에서 버려진 우리는
　울다 울다 지쳐 간교한 혀를 훗날 잘랐지

　슬픔이 없지 않다고 하기엔 슬픔에 가깝지

　가짜는 가짜를 모은다
　진짜는 진짜를 모으지 않는다

　나는 슬픈데
　그 슬픈 와중에

　사는 것이 시 같나 유서 같나 편지 같나

　시라고 하면 심장이 이주한 것 같잖아
　눈물 거둔 얼굴이 또 붉어져야 하잖아

또, 아주 부지런하잖아

유골함에 슬어놓은 그저 그런 세로줄 글씨들
다음 말은 뭘로 이어야
죽은 별에 등록하니?

그렇게 기도해
반드시 생명으로 반짝여야 한다고

## 잘 있었으면 좋겠어


오늘날을 빼고
눈물을 쏙 빼고
나는 곱절로 또 어느 날은 비행을!

잘 있으면 좋겠어!
모든 사랑이
안녕을 물어오네

쨱, 금 간 허공을
육축의 심성을

너를 돌려놓을 당위를

아스라 트리는, enfático…… 그 옛날의
기절처럼

혼절하도록
나의 혼을 가두는 새야

솟아라
어디든지

너는 내가 될 테니까

# 기록
— 눈뜨고 코베인*


큐

어떤 독방은 지붕에 비가 샌다
우산을 들고 길을 잃은 아이가 있다
방바닥에 우산을 놓고 집을 만드는 아이가 있다

하루에 한 번은 생각할 수도 있다
나는 어쩌다 이 독방에 갇히게 되었나
삶은 증명되려 한다

온갖 누명 속
사람 하는 일이 다 그렇지, 이것은 함정의 세속적 암호

나를 증빙하기엔 간교한 세밀화
기록은 안간힘을 쓴다
서른 개의 기록 중 한 개는
사실, 사식이 아니라 사심이었어
달걀을 세로로 떨어뜨려 보았나?
사람마다 비슷해 보이는 난간이 있지

내가 가두고 싶은 유형이 있었거든
내가 증오하는 것들의 심정을 화나게 할 방조


나는 아무도 모르게 죄수보다 가장 높은 죄인이 된다
나는 틀린 인생처럼 똑같이 수틀린 베틀이 토해낸 그라목손이다
아무런 증거 없이도 나는 누명을 입혀 가둔 심장을 벌할 수 있겠지만


데우스엑스마키나 옆 유령
그 심장은 어느 나락에서 떨어질지 모르는 낙숫물

---

*눈뜨고 코베인: 5인조 록밴드.

## 흑백 앵무 다음


어떤 새는 빵을 뱉는다
어떤 새는 하늘을, 이국을 뱉는다


이건 한번 들어보자 어차피 나는 너였으니까
내가, 아팠어
지하의 새들이 어느 날 물속을 날았다고 한다
말을 잃었다고 한다, 침수된 책장 속의 새들은
학교를 찾지 못해 그대로 날았다고 한다
그 한 장면이 거대한 아치 터널과 수족관이 되어버렸지
그 거리에 나는 혼자 걷고 있다
당신은 불을 끄려고 할 거야, 나는 분명 혼자 걷고 있는데
그 한 장면만이라도 조금 덜 힘들었다고 말하고 싶었다
부끄럽게도


숨 붙어 압축된 나를 불쌍히 여겨줘
나는 놀림 받지 못한 죄, 그러한들


너는 이상한 구릉 돌무덤에도 깃발을 들고 서 있었던 것 같

앉는데
　책장 속엔 호리병과 두루미의 비커 두 병이 너랑 나였네
　녹차 밭의 브레이크, 검정 도화지
　별들이 파먹은 찻잎의 이랑들이 너랑 나였네
　어떤 힘들은 이런 것들은 힘이 없다고 믿으므로

　기찻길에 쌍무지개 네가 찾아왔다
　기찻길 이야기를 했었는데
　바퀴가 빠진 빈 열차가 떠났고
　너는 나를 스친 것이 아니라 바라보았다

　박살난 영혼, 눈을 감았다 날았을까?
　떴지, 어떤 붕대를 둘러야 할까
　도로 위의 중앙선이나 점자 레일 같은 것을 둘러선 될 리 없지

　내가 살 마지막 집 주소를 알아낸 것이지 다시는 잃어버리지 말라고

그것이 본디였으니까

괜찮다, 같은 말 중에 제일 거지같은 말을
반복하고 싶지 않으므로
그것이 내 운명일 수도 있으므로

아니? 지겨워, 내가 지겨워해야 할 것들이라고
말들을 보태네

그 사이에 고속도로 위를 유영하는 아코디언들은
빗물을 단박에 닦진 못해, 가로수들은 헛발질로 하늘에
노랑을 새긴다, 오리 발자국일 리가 있나, 제법 늙었다 할
칸나의 셋방
야밤에도 가끔 모르는 늘어진 피부의 손목에 매달린 손들
이 유리벽 밖 눈물을 닦는다

나는 단지 너와 같이 눈 달린 앵무새
야밤에 국수를 먹고 초콜릿 드링크를 쪽 빨아 마시고선

떫은 해를 어디다가 버리고 온 도망자처럼

앵무라고 하니 초라하다
나는 너의 앵무새야

# 새

당신의 양각은 참으로 거대하다
매일매일 불에 타오르고 재가 되겠구나
나비들 푸른 바다 허리 한번 넘어보지 못하고
모서리 밑에 먼지 내려앉듯 저녁에 불이 켜지고
말없는 외침을 날마다 지워내겠구나
새로운 귀여움으로
온 천지간이 반짝이는 심장을 켜겠구나
어느 문간에서 까먹은 진흙 초콜릿
흙빛처럼 달콤하긴 하겠지
죽은 새가 밤하늘을 찍어 날인을 하는
가을 바닥은
눈물 없이도 차다

# 아무것도 없는 집에 초대되었다


이가 몽땅 빠진 여자와 남자가 사는 집에 초대되었다

무슨 여행을 했길래 두 입술들에 철길이 났나

아무것도 없는 집이었다 빈집 문설주에 붙은 기도문

스케치북을 떠난 증기기관차의 물결과 물병

빈방의 흰 레이스와 파도

여러 번을 되묻는 간절한 초대였다

내가 놓여 있듯 넓은 하루가 찾아왔다

# 뒷담의 서사

 담장을 쌓는 것이 어려운 공사래, 한낮의 장교 식탁 같은 데에 기대앉아 벽지를 바라본다. 어찌하지 않아도 될 벽을. 몇 권의 책등 선반에 누워 나처럼 기대어 말을 건다. 아이스 홍시 얼리기 힘든 저녁들, 갈채 소리가 들려온다. 그저 남쪽부터 색색의 카펫이 깔린다.

 얼음새꽃*들이 봄이 왔다고 소식을 전했다. 불안하지 않은 마음으로 창문을 활짝 연다. 거리가 미치지 않은 것처럼 미쳐 있었다. 미친 거리엔 꽃들이 만개하며 꽃들은 화사했다. 나는 화사한 것들을 사랑했다.

 처음을 좋아하거나 좋아하지 않는 버러지들. 헐거워진 영혼으로 자욱한 도시를 떠다녀도 아무 일도 생기지 않았다. 오래전 단막 드라마에서는 정신 나간 자유인이 나체로 전봇대를 오르고 있었다. 용기 있게 먼 나라를 여행하는 여자도 더러 있었다, 미용사에 가까웠다.

 온 계절이 지나갔을 방범망과 방충망에 먼지가 자욱했다.

가스 배관을 타고 다니며 훔쳐간 색을 뿌리고 다니는 거미처럼 다리를 벌린 바바리맨이 흑백도시에 미쳐서 흘리지 말아야 할 색을 유행처럼 뿌리고 다녔다. 간혹 제 자신이 뿌려놓은 사체들에 대한 반성도 없이 엉망진창 잊은 채로 낙태죄 폐지 운동에 기웃거리는 이도 있었다.

건망증을 앓던 여자는 자신을 스스로 점검하다가 죽어갔다. 입술에 붉은색을 바르는 게 죄여서, 치마를 입은 것이 죄라는 주문에 걸리기도 했다. 몰래한 사랑* 같은 남자의 서사는 간혹 뉘우치고 바뀌기도 했지만, 피범벅이 된 내 눈물을 받아 적지도 않았다. N번 방에 훈수를 두는 경력자 사람처럼 고개를 완전히 돌리지도 않았다. 여자 냄새를 틀어막은 다른 닌자들이 여전히 활개를 쳤다.

하늘엔 눈치를 보는 새들은 없었다. 성당과 여호와의 증인과 절과 원불교와 교회 이정표가 같이 붙어 있는 전철 길 그 동네의 나팔꽃이 담을 타고 그곳에서 사람이 뛰어내려 죽었다고 했다.

매쿼리섬의 현재 날씨는 8.2도 체감온도 4도 저기압, 매우 높은 습도 99%라고 한다. 북쪽에서 풀어놓은 센 바람이 16M, 안개나 언 안개 또는 옅은 안개가 있다고 한다. 서로 닮아 서로 아무도 사랑하지 않는 곳에서, 아무것도 발생되지 않을 법한 기후 속에 숨어서

여행을 하려거든, 있지도 않은 곳에서 고장 난 내 생각을 하며 자유로운 여행을 하는 것이 어떻겠니. 나는 속으로 되뇌며 뒤에 눈이 달려서 누가 오는 줄을 감지하는 뒤통수에 까만 동그라미에 눈 달린 것 같은 큐빅 핀을 몇 개를 꽂고 스치듯이 기도하듯이 조언했다.

---

*얼음새꽃: 복수초, 봄을 가장 먼저 알리는 꽃.
*몰래한 사랑: 90년대 가요.

## 유물연애

목도장이 죽어 이상하고 작은 굴뚝이 되었네
타로, 포커, 카드 그 셋 중에는 카드
책갈피 한 세트를 파는 옷가게에서
책갈피 한 갑을 사왔어
한 갑은 당신이 당기고 싶은
고장 난 버티컬 목걸이
아일렛의 핼쑥해진 지름

햇볕을 꿰매며 사는 사람이 있네

# 불, 꽃놀이

그래 나의 시간은
그어가네
하늘의 이마에도
수십 줄을 그었네
음악을 켰더니 불이 꺼졌어?
불을 켰더니 아침이 멎었지
물줄기들은 제 머리를 땋는지
풀어헤치는지 알 수 없었어
그어가네
어느 날에 나는 발견되듯이
그어가네
거대한 전화기를 만나지 못했어
언젠가 달싹이던 입술을 들이마실 듯이 내쉬고……
구부려진 적 없는 사랑을 구부려주세요
쓸어내리는 아침들이
다시 돌아와서
그것이 나여서
그래 나의 시간은

네가 모르는 네가 모르던
꽉 찼다가 흘러터진
나의 시간은 되물을 새 없어
깨물며 아프거든
그래
네 손금은 내 비가 긋다 만 한 획

# 스웨터 세탁소 500년사


수집가의 아침에는 주머니가 없지
박음질이 없지, 별안간도 없지
우주나 무중력 식사도 없지
우수수 떨어질 덜미도 없지
밀봉된 이름표, 벗어놓은 터널을 맡길 땐
보관할 말들에게
무엇을 전해야 하나
그 때문에 버티고 서 있다고
전할 수도 없으니,
나도 돌아보지 않는 덜미가
되어 있다고 전했네

우리는 다른 곳에
또, 납작하게 맡겨졌어
양화에 증발된 샛노랑이며
회명한 날로 간추려진
눈동자, 빻아진 칸나
한 장 한 장 일일이 설명을 하시오

전월신판의 세계사
층층바위의 본새들 위에
목줄 긴 드라이기를 들고
난 또, 머리칼을 말리다가 뜨거워

## 설명서 FM 1단계


아무것도 아무 날도 아니어도
나는 빈 상자로 탑을 쌓을 수 있었지요
옷장은 쓸모없어진 옷들로 가득 찼고
빈 상자에 노크를 합니다

응, 오랜만이야
부러진 나는 홍화씨를 불러냈죠
금 간 것들에 좋다는 것들을
내가 금이 간 날에서야 알고선

내가 금 간 것은 몇날 며칠
또 몇날 며칠이었을까?
부러진 팔을 재우는 천막에서
레일 끄는 소리가 들려요
이따금 금 간 사람들이 함께 거울을 봅니다
4인실이 됩니다, 6인실이 됩니다
그런 날도 있는 거죠?
물 한 컵을 내려놓고 떠올리며

심해어를 구사하듯이 두런두런
어떤 말들이 오가듯이
불면 같은 숙면에 뒤척이면서
식판 블록의 아침 달 뚜껑을 열고
또는 거부하면서

맑아지지 않은 달무리에
부동자세로 새로 주문한 서명을 하면서……

저려서 마음이 나처럼
어둔 밤은 필시 밝게 계세요

## 장미고방

장미는 원래 장미 밭에 있었어요.
어떤 마당 아버지가 삼킨 소화 안 된
가시들 숨, 켜놓고 어느 마당에서
기다리고 있는 늑골 같았어요.

내가 아는 장미는 붉은 거였어요.
눈시울들처럼 여전히 붉은 것이
너무 크게 보이는 것이었죠.

어느 날은 괜스레 그 붉어진 늑골 터널에 들어가
화난 듯 허리에 손을 얹고 취해 웃었죠.
내 윗목은 장미향예요.

붉어진 늑골에서 뽑아낸
장미 꽃송이가 까맣게 마르면
하늘에 시원한 바람을 채워달라고 하겠죠.
장미는 비리지 않아요,
장미와 장미 창살 사이에 손을 넣으면

제철과일이 잡히는 그런 향,
사인펜으로 초록 미로를 다 태워내며
웃긴 귀신을 부르던 방.

꽃잎을 매만져요 꽃잎이 시들면
다시 꽃잎을 들이죠, 달력을 넘기고
꽃잎을 붙여요.

남겨둔 빈방에 불을 켜요.
붉은 눈에 물이 들어오네요.

## 바다감옥

업은 적 없는 등에 바다를 들였다
아니, 바다가 들였다

흰 연하장을 닫았다가 열었을 때쯤
모래사막과 파라솔이 만났고
지붕 없는 집들이 일어섰는데
그 사이로 손금 흐려지는 아침 해가 떴는데
그 해변 쓰러지지 않은 도미노 터널 속에서

뱅갈 고양이가 서서히 손목과 발목을 지우고 있다
뱅갈, 뜻 없는 것이 붉게 타다가
렉스베고니아였던 화분에 날아와 박힌 빨간 우산 꽃
그 위로 떨어지는 빗물의 절취선을 보았어야 할 텐데

방이 여러 번 바뀌었습니다
내가 아는 한, 바다감옥은 이러했습니다
관엽식물 얹힌 창가 밖으론 창살이 꽃대를 올리고

말을 훔쳐가는 이상한 감옥
속마음을 훔쳐가는,
어떤 풍경 고물상들을 거쳐 저녁을 만들었을까?
흐르는 곳 근처, 손잡이를 당겨줄 때
지나간 그 바람이야, 그런 것을 분침이 지나간
자리라고 말해본다

카세트테이프의 다른 사용법을 알아? 톱니바퀴에 검지를 걸치고
눈물 콧물 같은 것을 틀어, 틀어, 막는 감옥이다

짓고 사는 사람 앞으로 발착하는 역이다

## 콘트라베이스와 공중전화 부스


끊어지는 것들은 아주 가끔 우리를 날게 한다
승강 번호 열차 사이로 빠지던 작은 발이
빛 계단을 거스르며 커갔을 뿐이기에

그 어느 누구도 놀릴 수 없게 된다
왜냐하면 분명 그곳을 한번쯤은 날았으므로
우리가 정박하던 검정 호수, 하얀 눈, 한 장의 흑백사진

나는 누굴 그토록 끌어다 안았나, 그것이 나였으므로

끊어지는 것들은 아주 가끔 우리를 울게 한다
금속의 목소리들이 공손하게 착지
엎어질 듯 사라진 공중전화 부스에서 무선 전화기를 꺼낸다
무슨 기다란 전화기에 바퀴가 달렸나
미끄러지는 어제와 오늘과 내일쯤

콘트라베이스―
그것을 바이러스에 걸린 가을 산이라고 하고

몇 개의 능선을 짝수로 둘둘 말고선
곧 도착하는 버스를 몇 번으로 보냈고
가본 적 없는 데를 걷다가 듣는다
잠근 데가 성한 것 이마에 반짝이는 주름살 같은 것이라고

그러니까 종착지가 바다인,
꼭 항아리수제비 같은 세로줄 글씨
그 버스에
사람을 도둑맞은
풍경을 도둑맞은
단단한 자루를 쥐고선
발신자가 떨어뜨린 별

당신이라는 말

## 자오선 데이트

깊다, 그건 처음도 끝도 없단 말이지
시뻘건 해가 소리 없이 부서진단 말이지

거꾸로 묻어둔 내 바다는 이만큼 줄었어
내 바다는 푸른 비누가 지웠어

철학자, 철학관, 철공소, 철면피
죄다 지나치는 이 봄날
내 바다는 묵화처럼 비리지 않아

내 삶의 절취선은 어딜까
이 작은 동굴 드나드는 수저
눈시울 어디께서 게워낸 허연 해변

말 되나, 당신,

여기 이제 있을 리 없고
그 어디 이제 당신 있을 리 있나

**해설**

# 부재를 견디며 당신의 안부를 묻는 일

이정현(문학평론가)

> "너는 어느새 행방불명이구나. 우리는 어느 날 서로에게서
> 실종될 것을 예견했었지"
> ─「불등가사리를 선물로 받은 저녁」

　이 시집을 지배하는 화두는 '부재'와 '견딤'이다. 시적 주체들은 낡고 버려진 것, 아프고 병든 것들을 응시하지만 슬픔과 절망을 구체적으로 발설하지 않는다. 그들은 부재로 인한 고통을 견디면서 "파괴된 낱말을 부여잡고 꿰매고 기"(「오리려는지 그리워하는지 큰 글자에게」)우는 일을 반복한다. 그러면서 상실했거나 멀어지는 것을 '끝말잇기'처럼 나열한다. 부재를 감당하면서 시적 주체는 삶이란 그저 견디는 것이라는 사실을 조금씩 수긍한다. 시간이 흐르면서 부재의 기억은 고통이 아닌 일상의 일부가 된다. '나'가 잃은 것은 '당신', '너', '그대'로 호명되는 특정한 대상만이 아니다. 일방적으로 흐르는 시간은 모

든 것을 서서히 파괴한다. 시간이 흐르면서 상실의 목록은 계속 늘어간다. 시인은 이 사실을 거듭 인식한다. 『화봄상회』에 수록된 시들에서 빈번하게 '시계'가 등장하는 이유이기도 하다. 시계의 시침과 분침이 망가져도 우리는 시간을 붙잡을 수 없다. 시간의 악마적인 힘 앞에서 무력하게 사라지는 것은 모든 존재의 운명이다. 그것을 언어로 기록하는 것은 뼈아픈 일이다. 소비를 자극하는 광고의 언어와 가상세계의 언어가 장악한 세계에서 시인의 언어는 미끄러지고, 흩어지고, 잊힌다. 이 세계는 "말을 훔쳐가는 이상한 감옥"(「바다감옥」)과도 같다. 조율 시인의 시적 주체들은 파괴된 낱말을 부여잡고 '끝말잇기'를 수행하면서 "외웠던 말을 모조리 삼켜버리는 건망중"(「멸망한 나라에서」)에 시달리는 자들이다.

　　나는 바닷물이 가득 찬 건물 비상계단에서 처음이 언제
　인 줄도 모르게 다이빙을 하고 있었다. 좀 더 영혼에 가까
　우려면 네모난 훌라후프를 돌려야 해. 좀 더 영혼에 가까
　우려면 당신이 사라질 수도 있다는 위험 부담을 안고서.

　　아무리 다 같은 원을 그려야 한다지만 나는 이를 악물고
　어른이 사라진 아파트 마당에서 훌라후프를 돌렸네.
　　훌라후프가 만 번 돌아가고 만오천 번이 돌아갔는데
　절대로 끝나지 않는 훌라후프 게임을 했다.

멈추지 않아 기계음이 되어버린 심장들이 짧은 대답 후
잃어버린 메모를 되찾는다.

—「네모난 홀라후프」부분

 "다 같은 원"을 그리길 요구하는 세계에서 화자는 "이를 악물고", "네모난 홀라후프"를 돌린다. 그리고 "바닷물이 가득 찬 건물 비상계단"에서 "다이빙"을 한다. 시적 주체의 행위는 정상성으로 구축된 세계를 벗어나고 싶은 열망이 담겨 있다. '나'의 열망에도 견고한 세계는 바뀌지 않는다. 화자는 "훔쳐 간 은유"(「3」)들이 살아있는 세계를 꿈꾼다. 그러나 숫자가 지배하는 세계에서 은유는 설 곳을 잃는다. 나이, 몸무게, 키, 가격, 성장률, 점수, 시간 등을 기록하는 숫자는 언어보다 명료하고, 힘이 세다. 숫자에는 은유가 개입할 틈이 없다. 우리가 누군가를 알기 위해서는 그 사람의 슬픔과 과거, 상처와 방어기제를 알아야 할 터이지만 숫자는 '효율'을 명분 삼아 이 과정을 누락시킨다. 어떤 사람의 과거는 손쉽게 '점수'로 규정되고, 사람의 외양은 나이와 몸매 등을 표기하는 '수치'로 설명된다. 모든 대상의 가치는 가격으로 치환된다. 이렇게 숫자로 구축된 질서가 견고해질수록 은유를 담은 언어는 일종의 낭비로 치부된다. 여기에 동의할 수 없는 시인은, "고장 난 시계의 시간"(「끝말잇기의 고독」)을 응시한다. 정확하게 수량을 셀 수 없고, 가치를 가늠할 수 없는 것들, "산화되어 가는 것들의 이마를 짚"고, "짓이겨진 푸른 날"(「화봄상회」)을 노래한다. 시에 담긴 풍경에는 숫자로 값을 책정할 수 없는 색채로 가득하다.

>화한 봄에 옆니다. 바깥날이었어요.
>래크 포커스, 통조림을 깠을까요. 물러터진 입술보다
>단단한 손가락으로 산화되어 가는 것들의 이마를 짚었죠.
>
>내가 지운 것은 당단풍의 빨강.
>
>우리의 봄날은 간헐적 장터를 세우고
>본디 쓴 약방이 불 켜고 땅에 박힌 지문은
>구름 밑에다 붉은 채점표를 매기다가 가죠.
>
>과거에 튼 입은 오늘 발치에 내려앉은 살구 꽃잎
>여린 비닐에 공기를 도로 담아 먹구름을 만들고
>굳은 먹구름에서 초록 심장을 꺼내 국을 끓여 먹지요.
>그러면 포커스가 당겨지나요?
>
>짓이겨진 푸른 날처럼
>훔쳐간, 악문, 시커먼 여름, 약장촌

그대, 안녕하세요. 단지 그뿐입니다
참으로 예의바른 토막말……
나는 또 그 속 풀통 같은
무표정으로 업혀 얌전히 비집다가
정적으로 짚던 손에 그물을 장갑을 씌우는
바다의 이상한 별

―「화봄상회」 전문

  이 시에서 '나'는 "여린 비닐에 공기를 도로 담아 먹구름을 만들고/굳은 먹구름에서 초록 심장을 꺼내 국을 끓여 먹"는다고 노래한다. 이 봄의 노래는 발랄하지만, 슬프게 들린다. "그대, 안녕하세요."라는 인사에 덧붙여진 '단지'라는 부사 때문이다. 바라는 것이 '단지' 안녕일 뿐이라는 말은, 안녕하기 어렵다는 현실을 우회적으로 드러낸다. 다음 연의 "짓이겨진 푸른 날"이라는 표현은 심증을 더욱 굳힌다. '나'에게 위안을 주었던 풍경들은 쉽게 허물어진다. 숫자로 구축된 세계에서 개인의 기억에 담긴 풍경은 가치를 인정받지 못한다. SNS에 올리는 과시용 사진과 소비를 자극하는 광고 사진이 범람하는 세계에서 개인의 경험과 기억은 쉽게 무시된다. 그리고 거짓을 연습하며 서로를 미워하고, 질투하는 일을 반복한다. 숫자가 일방적으로 가치를 책정하는 세계에 갇힌 조율 시인의 시에 등장하는 시적 주체들은 기억을 더듬으며 '너', '그대', '당신'

을 향해 말을 건넨다. "네 얼굴을 매일 외우"(「도색불명」)는 '나'의 목소리는 한없이 쓸쓸하다.

> 고장 난 시계의 시간은 가리키는 것을 멈추고
> 간다고만 한다
>
> 흐른다고 하는 것도 좋겠다
> 그러니 그리움 모다 꺼놓고
> 망루도 다 제 갈 길, 혹여 어느 결에
> 녹아 어느 선박이 될 때까진
> 좀 모른 척하게 바다를 켜놓다가
>
> 재까닥 나, 네 일기를
> 안다는 말
>
> 너는 어디에 건너가 있는 이름이다
>
> 이름은 이름대로 자란다
> ―「끝말잇기의 고독」 부분

부재는 먼저 물리적인 '없음'을 의미한다. '너'가 떠났기에 생기는 공백이다. 또 하나의 부재는 '나'가 여전히 '너'를 욕망

하면서 발생한다. 주관적이고 상상적인 공백인 이 결여는 채워질 수 없다. 이 부재의 시간에는 미래가 없다. 부재를 견디는 시인의 언어는, 목표와 계획이라는 이름의 미래의 시간을 지향하는 에고와 충돌한다. 부재의 시간은 필연적으로 역행할 수밖에 없다. 시적 주체들은 낡아가는 육체와 시간을 인식하면서 부재의 대상을 떠올린다. "내 사랑은 거기에 없"(「나의 이름은 절편된 우표입니다」)다고 담담하게 말하면서도 때때로 "탁, 탁. 슬픔이 천만 번 한 사람의 이름을 지우는 소리"(「화봄상회 2」)를 듣는다. 마침내 '당신'은 "내 납작한 바닥"으로 명명된다. 부재를 응시하면서 깨어있는 고통을 기꺼이 감내하던 '나'는 "가장 낮은 곳"(「착지」)에 닿는다. '당신'은 '나'의 삶을 흔들어놓지만, 버티게 하는 존재이기도 하다.

그런 활강은 어울리지가 않아서 내 옷에서는 불이 났지만, 회오리바람 속을 걷어내지 않았지만, 어쨌거나 어느 날에는 부러지듯 내 족적에서 붉은 수풀들이 일어났어. 시간이 지났구나, 부드럽다는 말을 조금은 알듯이 담는 저녁이다.

나는 무제한 겁쟁이처럼 아주 얇은 관과 관을 관통하듯이 내 미로를 파다가 파놓은 길에서 나를 또 만나네, 그게 너였어, 말을 잊은 나였어, 그래서 오늘 아침에 만난 당신

이 있다. 떨어뜨릴까 꼭 끌어안고선 뒷자리에 앉아서 떠
다녔는데,

　　무너져 내려갈 힘없이 납작하게 누워 있던 당신이
　　백만 번을 꺼도 내 납작한 바닥인 당신

　　한 발로 바다를 미끄러지듯이 걸었던 시절도 있다는데,
아직 운 날이 더 많은 머리에 불이 나며 아기가 되어가네.
투명하고 빈 줄기에서 솟구치는 붉은 피를 거절하는 손목
과

　　내 납작한 바닥인 당신

　　　　　　　　　　　　　　　　—「착지」부분

　어쩌면 이렇게 텅 빈 부재를 응시하는 일은 덧없는 언어의 나열에 불과할지도 모른다. 이 시들을 지극한 연애시로 독해한다면 수월하게 해석되겠지만, 조율 시인의 시에서 '너', 혹은 '당신'은 조형적 형태를 지닌 특정한 인물로 국한되지 않는다. 시인이 거듭 호명하는 '당신'은, 무지하고 연약한 것, 노출되어 훼손되기 쉬운 것, 죽어가는 것, 홀로 있으므로 외로운 것들의 통칭으로도 읽힌다. 언어는 언제나 원래 의도를 비껴가고, 사랑하는 사람은 기어이 떠난다. 육체는 날마다 낡아가

고, 기억은 점차 흐릿해진다. 요컨대 인간은 모두 상실과 부재, 소멸을 감당해야만 한다. 이를 정확하게 자각한 자는 이미 완성된 세계의 질서에 순응하기 어렵다. 이 세계도 그런 인간은 환대받지 않는다. 끊임없이 '망각'과 '건망증'을 권장하는 체계는 결여를 소비로 채우려고 노력하는 '성실한 소비자'를 원할 뿐이다. '나'는 그 사실을 인정하지 않고 거부한다. 그 대신 '나'는 끝내 멀어진 것들을 기억한다. 부재의 심연을 응시하면서 알게 되는 것은 우리가 살아갈수록 초라해지는 것을 피할 수 없다는 사실이다. 그토록 많은 것을 잃었어도, '나'는 타인의 주목이나 숫자로 표상되는 우월감에 집착하지 않는다. '나'는 현재의 자신을 만든 기억들을 돌아보면서 사라진 것들의 안부를 묻는다. "빛이 가득 들어가 까맣게 타버린 즉석사진"을 바라보는 사람이 등장하는 시를 읽는다.

> 빛이 가득 들어가 까맣게 타버린 즉석사진을
> 머그컵 위에 얹어 본다
> 여수에서 눈을 감고 걸은 적이 있어
> 산단, 공장들과 집들 사이로 두 줄로 서서
> 두 눈을 감고 걷는다 눈을 감고 15분을……
> 걷는 시간이 지났는데
> 바람이 불었고
> 나는 어느 날 자리에 앉았다

교실에 앉아 다시 눈을 감고 아무 말도 하지 않은 채

세상의 소리를 듣는다

우리는 전원 다 아무런 눈물을 흘리지 않았지

나이를 먹지 않아 이상한가?

너라는 말이 어떨까

귀마개를 하고 봄 풍경을 걸었지

잠자는 청춘을 본 적이 있지

꿈꾸는 청춘을 본 적이 있지


그리움이란 건

호칭이 없는 여행


눈물이 펑펑 나는 그런 나라

너에게 기대는 것이

마음만은 아닌 나

―「낮잠」 전문


이 시는 시인의 시적 자의식이 응축된 메타시처럼 읽힌다. 까맣게 된 사진은 뒤틀린 시간과 망각을, 부재를 의미한다. 타버린 사진에는 명확한 풍경이 담겨 있지 않지만, '나'의 기억에는 인화되지 않은 풍경들이 생생하다. '나'는 지난 시절의 자신에게, 망각한 존재들에게 혼자만의 안부 인사를 건넨다. 무지와 초라함을 망각하라고 권유하는 세계의 구석진 곳에서 시인은 "철 지난 편지"(「안다고 말해도 좋아」)를 읽듯이 그리운 것들을 회상한다. '당신'은 '나'가 기이한 환희와 슬픔을 지닌 존재임을 깨닫게 한다. 행복이 과잉 기획하는 세계에서 슬픔은 가장 외면되는 감정이다. 조율 시인의 시적 주체들은 기꺼이 슬퍼하면서 사라진 것들을 돌아본다. 그러다가 시인의 시선은 '꽃'과 '봄'을 향한다. 이 시집의 제목을 구성하는 '꽃'과 '봄'은 부재를 견디는 시인의 태도를 대변한다.

꽃, 을 보고 있으면, 꽃, 이라고 쓰인 한 글자를 보고 있으면, 토끼풀꽃과 가장 닮은 것 같다

사람과 꽃의 닮은 점은, 계절을 견뎌낸다는 것이다, 핏줄 여윈 바람길이 통과하는 틈이든, 틈 없이 근사한 안이든, 화사하게 피는 꽃이든 꽃으로 태어난다는 것은

준비되어 있다는 말이다, 열매를 맺는 꽃이든, 열매를 맺지 않는 꽃이든 반짝이는 풀이든 그렇지 않든, 꺾여 선물이 되는 꽃이든 꽃은 꽃대로 피어날 것을 아는 사람들도 있다 나는 나대로 피어날 것을 아는 사람들도 있다

순간의 꽃은 사해파

노란 꽃이 하루에 한번 응원 깃발을 피운다
순간 꽃

화병에 꽃을 꽂는 순간, 흐르는 음악처럼
일순간 창밖에 비가 내리는 것처럼
영문 없이 울던 아이가 울음을 멈추는 것처럼
떠내려가는 물에서 밧줄을 잡은 것처럼
누구에게나 꽃이 피어난 순간이 있다

어둠 속에 붉은 획이 말을 걸 때
아름다운 농담을
우습게 바꾸는 모든 것들은
떨어진 이름표들은 누가 수거해가나

―「꽃」전문

 시인은 사람과 꽃은 "계절을 견뎌낸다"고 언급한다. 꽃처럼, 사람에게도 '개화의 순간'이 있다. '개화'를 청춘과 젊음에, 계절의 순환을 '생의 약동'에 비유하는 건 이미 낡아버린 은유에 불과할 것이다. 시인은 이 낡은 은유에 안주하지 않는다. 시인은 개화의 아름다움보다는 개화하지 못한 채 소멸한 존재들을 돌아본다. 「꽃」은 짙은 애도를 담은 시다. "노란 꽃", "떠내려가는 물", "떨어진 이름표"와 같은 시어들은, 자연스럽게 어느 봄날의 비극적인 사건을 떠오르게 한다. 짧게 생을 마쳐야 했던 이들을 애도하면서 시인은 다시 돌아오는 계절을 노래한다.

사랑이 끝나고, 사람이 떠나도, 계절은 다시 온다. 이것은 사람의 의지와는 상관없는 자연의 순환이다. 계절은 끝없이 도래하고 머물다 지나가고, 다시 다가온다. 그래서 계절의 순환은 흔히 생의 의지와 희망을 상징한다. 시인은 이 사실을 수긍하면서도 조금 다르게 받아들인다. 시인에게 다시 돌아오는 계절은, 소멸의 운명을 잊지 말라("Memento mori")는 주문과 흡사하다. 시인의 페르소나인 (이별의) 주체들은 다양한 목소리로 이 주문을 변주한다. 그들은 현재의 '나'를 구성하는 사소하고 주관적인 기억들을 나열하다가, 멀어진 대상을 그리워한다. 안타깝게 사라진 존재들을 애도하고 '당신'의 부재를 견디면서 "달력을 넘기고 꽃잎을 붙"(「장미고방」)인다. 조율 시인의 주체들은 소멸의 운명을 잊지 말라는 주문을 소란하고 소박한 생의 기록으로 변화시킨다. 그러다 타인을 향해 "그대, 안녕하세요."라는 안부 인사를 건넨다. 그런데 이상한 일은, 이처럼 간단한 인사에 쉽게 응답하기 어렵다는 사실이다. 이 안부 인사는 마치 작별 인사, 혹은 고백처럼 들린다. 시인의 무력한 끝말잇기는 우리가 한때 소유했다고 착각했던, 스러지고 멀어진 것들을 떠올리게 한다. 낡아가는 것들은 우리를 머뭇거리게 만든다. 이 머뭇거림을 빠르게 소거하는 세계에 시인은 끝내 동의하지 않는다. 우리가 서로에게 "당신이 우는 것을 아는 그 사람"(「운다고 한다」)이 되기를 거부할 때 우리는 기어이 잔인한 세계를 닮게 된다. 시인의 안부 인사가 "나는 너였"(「흑백 앵무 다음」)다는 아픈 고백으로 들리는 이유다.

시인동네 시인선 161

**화봄상회**

ⓒ 조율

| | |
|---|---|
| 초판 1쇄 인쇄 | 2021년 10월 8일 |
| 초판 1쇄 발행 | 2021년 10월 15일 |
| 지은이 | 조율 |
| 펴낸이 | 김석봉 |
| 디자인 | 헤이존 |
| 펴낸곳 | 문학의전당 |
| 출판등록 | 제448-251002012000043호 |
| 주소 | 충북 단양군 적성면 도곡파랑로 178 |
| 전화 | 043-421-1977 |
| 전자우편 | sbpoem@naver.com |

ISBN 979-11-5896-531-0 03810

*이 책의 판권은 지은이와 문학의전당에 있습니다.
*양측의 서면 동의 없는 무단 전재 및 복제를 금합니다.
*잘못 만들어진 책은 바꿔드립니다.